CAERPHILLY COUNTY BOR

3 8030 08074 4421

KU-745-803

# HIWMOR NIGEL

# Hiwmor Nigel

NIGEL OWENS

gyda Lynn Davies

yl Lolfa

PO
10162263
Jan 2011

Sgiliau Sylfaenol Cymru
Basic Skills

Noddir gan
Lywodraeth
Cynulliad Cymru

⊕ CYNGOR LLYFRAU CYMRU

ISBN: 978 1847711755

Mae Nigel Owens wedi datgan eu hawl dan Ddeddf
Hawlfraint, Dyluniadau a Phatentau 1988 i gael eu
cydnabod fel awduron y llyfr hwn.

Cedwir pob hawl. Ni chaniateir atgynhyrchu unrhyw
ran o'r cyhoeddiad hwn, na'i gadw mewn cyfundrefn
adferadwy, na'i drosglwyddo mewn unrhyw ddull na
thrwy unrhyw gyfrwng, electronig, electrostatig, tâp
magnetig, mecanyddol, ffotogopïo, recordio nac fel arall,
heb ganiatâd ysgrifenedig ymlaen llaw gan y cyhoeddwyr,
Y Lolfa, Talybont, Ceredigion, Cymru.

Mae'r cynllun Stori Sydyn yn fenter ar y cyd rhwng Sgiliau
Sylfaenol Cymru a Chyngor Llyfrau Cymru. Ariennir y
llyfrau gan Sgiliau Sylfaenol Cymru fel rhan o Strategaeth
Genedlaethol Sgiliau Sylfaenol Cymru ar ran Llywodraeth
Cynulliad Cymru.

Argraffwyd a chyhoeddwyd gan
Y Lolfa, Talybont, Ceredigion SY24 5HE
*gwefan* www.ylolfa.com
*e-bost* ylolfa@ylolfa.com
*ffôn* 01970 832 304
*ffacs* 832782

# CYNNWYS

# CYFLWYNIAD

## Ysgol Maes yr Yrfa

Dwi'n gwbod am un dyfarnwr ifanc yng Nghymru sy'n dod gartre ar ôl gêm a dadansoddi, ar ei gyfrifiadur pen-glin, ei berfformiad arbennig e'r diwrnod hwnnw. Fe fydd e hefyd yn edrych ar gêmau eraill ac yn dadansoddi gwaith y dyfarnwyr o'dd wrthi yn y gêmau hynny. 'Swn i byth yn gallu neud hynny. Mae'n rhaid i fi ga'l dihangfa o'r cae rygbi. Ar un amser, pan o'n i'n gweitho yn Ysgol Maes yr Yrfa, ro'dd 'da fi ddau hobi, sef diddanu ar lwyfan a rygbi. Erbyn hyn rygbi yw ngwaith i, ac fel mae'n digwydd yn waith pleserus dros ben, ond dwi mor falch fod diddanu cynulleidfa, fel digrifwr neu fel siaradwr gwadd, o hyd yn ddihangfa mor bleserus.

Yn ôl rhai, yr un cymhelliad, yn y bôn, sydd tu cefen i'r awydd i fod yn ddrygionus ac yn ddigrifwr. Os felly, mae'n rhaid bod rhyw ysfa gudd yno' i i fod yn ddigrifwr ers pan o'n i'n ifanc iawn. Achos yn ystod fy nyddie ysgol dim ond hanner cyfle o'dd ishie arna i i wneud drygioni. Yn ogystal â hynny ro'n i

7

wrth fy modd yn gweld pobol erill yn ymateb i fy ymdrechion i i ga'l nhw i chwerthin.

Pan o'n i'n ddisgybl ym Maes yr Yrfa, ro'dd un o'r athrawon, Jones Maths, am i bob disgybl orffen unrhyw ateb fydde fe'n ei roi gyda'r gair 'Syr', fel rhyw arwydd o barch tuag ato fe, yr athro. Felly, rhyw ddiwrnod, adeg cofrestru, pan ddaeth hi'n amser i fi alw f'enw, fe ddwedes i, 'Nigel Owens!'

Medde Jones, 'Pardwn?'

'Nigel Owens!' meddwn i unwaith 'to.

'Smo ti'n dweud Syr 'te?' gofynnodd yr athro.

'Iawn,' meddwn i. 'Syr Nigel Owens 'te!'

Yn ffodus i fi ro'dd staff yr ysgol yn sylweddoli, gan amla, nad o'dd dim malais y tu ôl i'r math yna o ddrygioni – dim ond rhyw chwant yno' i i ddweud a neud pethe doniol.

Mae modd rhoi'r bai am hyn i gyd, yn y cyfnod 'ny, ar y digrifwr Ifan Gruffydd, a'i raglenni teledu fel Ma' Ifan 'Ma a Noson Lawen! Do's dim dwywaith taw fe blannodd yno' i'r diléit arbennig yna mewn comedi. Gan ein bod ni'n aml, fel teulu, mas yn ymweld â pherthnase ar nos Wener, fe fyddwn i'n neud yn siŵr bo fi'n recordo Ma' Ifan 'Ma fel mod i'n gallu edrych ar y rhaglen ar ôl dod gartre.

Fe fyddwn i wedyn yn dysgu'r jôcs i gyd ar 'y nghof ac yna, yn yr ysgol ar y bore Llun, yn yr ystafell gotie, byddwn i'n eu hadrodd nhw i fy ffrindie, cyn i'r gwersi ddechre. Byddwn i'n ceisio'u hadrodd yn gwmws fel y bydde Ifan yn neud, gan achosi tipyn o rialtwch.

Pan o'n i'n 14 mlwydd oed dwi'n cofio neud sbot o tua hanner awr yn dynwared Idwal, un o gymeriade Ifan Gruffydd, mewn noson o Gawl a Chân yng Nghlwb Cymdeithasol Mynyddcerrig. Fe ges i ymateb da iawn. Hwn, am a wn i, o'dd y tro cynta i fi deimlo'r wefr o neud i gynulleidfa chwerthin. Fe fu'r profiad 'na'n hwb i fi ddal ati i arwain nosweithie llawen yn ddiweddarach. Wrth gwrs ro'n i wedi arfer perfformio o flaen cynulleidfa ers pan o'n i'n grwtyn bach. Bryd hynny, canu o'dd y diléit mawr ac fe fyddwn i a'n ffrindie'n aml yn canu unawde, yn enwedig yn y capel. A dweud y gwir, dwi wrth fy modd yn canu ar lwyfan ers y dyddie hynny. Ond dwi wedi addo i fi fy hunan y gwna i ddysgu chwarae'r gitâr yn well cyn i fi neud rhagor o ganu ar lwyfan yn y dyfodol.

Buodd Idwal yn gyfaill agos i fi am rai blynyddoedd, yn enwedig ym Maes yr Yrfa. Pan o'n i'n 16 oed, fe ges i swydd fel gofalwr yr ysgol a gan fy mod i mor ifanc fe fydde'r criw o saith o ferched o'dd yn glanhau yn yr ysgol yn edrych ar fy ôl i, fel taswn i'n perthyn iddyn nhw! Ro'n i'n ca'l tipyn o sbort yn tynnu eu coese nhw hefyd. Uchafbwynt yr wythnos fydde cwrdd â nhw am ddishgled o de a bisgedi ar brynhawn dydd Gwener. Bryd hynny, fe fydden nhw'n mynnu mod i'n gwisgo fel Idwal ac yn mynd trwy fy repertoire i o'i jôcs e gyda nhw. Ac fe fydden nhw wrth eu bodd!

**Digrifwr ac Arwain Nosweithie Llawen**

Erbyn hyn ro'n i'n aelod brwd o Glwb Ffermwyr Ifainc Llanarthne o'dd yn ca'l ei arwain gan Howard Roberts, ddaeth mas o law yn ffrind da iawn. Mae'n bosib y bydde fy mywyd i wedi bod yn wahanol iawn heblaw am Fudiad y Ffermwyr Ifainc. Yno fe ges i gyfle gwych i wneud gwaith cyhoeddus mewn cyment o ffyrdd gwahanol. Ces y cyfle i fod yn brentis digrifwr ar lwyfanne nosweithie llawen yn ogystal ag yng nghystadlaethe eisteddfode'r Mudiad. Ac unwaith eto ro'n i'n dwlu ca'l y cyfle i drio neud i bobol chwerthin.

Ro'n i hefyd wedi dechre neud sbot dweud jôcs yn nhafarn y Prince, ym Mhorth-y-rhyd, lle ro'dd 'na dipyn o fynd ar y canu, yn enwedig ar nos Sadwrn. Er taw mynd yno i weitho tu cefen i'r bar ro'n i, fe fydden i, er mwyn torri ar y canu am sbel, yn dod mas o'r tu ôl i'r bar i ddweud ychydig o jôcs. Fe fydden nhw'n mynd i lawr yn dda iawn a chyn bo hir dechreues i dderbyn gwahoddiade i neud yr un siort o beth mewn ambell i nosweth Cawl a Chân. Ces i wahoddiad gan Ysgol Sul Hebron, Dre-fach, a hefyd gan glybie Ffermwyr Ifainc lleol.

Ymhen amser bydde pobol yn gofyn i fi arwain nosweithie llawen, yn ogystal â neud sbot fy hunan, fel cymeriad o'r enw Mostyn fel arfer. Mewn un noson lawen, yng Nghlwb Rygbi Llanymddyfri, ro'n i'n digwydd rhannu llwyfan gyda Dafydd Iwan a'r Band. Fe soniodd rhai o fois y Band amdana i wrth Hefin Elis, cynhyrchydd y rhaglen deledu Noson Lawen, ac o ganlyniad fe ges i wahoddiad i berfformo sbot ar y rhaglen ddaeth o ffarm Abergelli Fach, ger Treforys. Yn y man, ar ôl ymddangos ar y rhaglen cwpwl o weithie, fe ofynnodd Hefin i fi a licen i gyflwyno'r rhaglen bob hyn a hyn. Fe wnes i'r gwaith hynny am y tro cynta o Fferm y Godor yn Nantgaredig yn 1992.

Fe fues i'n cyfrannu i'r rhaglen Noson Lawen am 15 mlynedd i gyd ac ro'n i'n mwynhau pob muned ohoni. Rhaid i fi gyfadde taw cynulleidfa'r Noson Lawen sy wedi rhoi'r pleser mwya i fi. Fe fyddwn i wrth fy modd yn sefyll o flaen llond sgubor o gymeriade cefen gwlad a'r rheiny, fel arfer, yn benderfynol o joio'u hunen. Yn fy nyddie cynnar fel digrifwr ro'dd hi'n bwysig bod 'da fi stôr eitha da o jôcs wrth law. Fe fydden i'n clywed y rhan fwya ohonyn nhw oddi wrth y bobol o'n i'n cymysgu â nhw wrth gario mlân â mywyd bob dydd.

Ffynhonnell bwysig arall i fi o ran clywed straeon doniol pan o'n i yn fy arddege o'dd Cwmni Drama'r Berem. Fe ges i lot o bleser fel aelod o'r Cwmni yn cynnal perfformiade ar hyd a lled yr ardal, yng nghwmni cymeriade fel Gwilym Sid Davies. Bydde Gwilym byth a beunydd yn adrodd jôcs er mwyn i fi ga'l eu defnyddio nhw'n gyhoeddus ac ro'dd e o gymorth mawr i fi. A finne'n 16 oed fe fues i'n gofyn i un neu ddau o rai erill yn y Cwm o'dd wedi arfer adrodd jôcs ar lwyfanne lleol a fydden nhw'n barod i fi 'fenthyca' ambell i stori ddoniol. Ond gan amla do'n nhw ddim yn awyddus i helpu. Ro'n nhw am gadw'u jôcs fel y gallen nhw eu defnyddio! O gofio pa mor anodd o'dd hi i fi ga'l deunydd doniol ar y dechre, fe fydda i bellach yn trio helpu unrhyw un sy'n dod ata i i ofyn am jôc neu ddwy y gallen nhw eu defnyddio. Yn hynna o beth gobitho y bydd y gyfrol hon hefyd yn gallu llenwi bwlch.

Cyn perfformio yn rhywle fe fydden i wastad yn trio'r jôcs drwy eu hadrodd i fy rhieni gartre gynta, wa'th pa mor goch o'n nhw! Ond weithie do'n nhw ddim yn chwerthin, er mod i'n gwbod bod y jôc yn ddoniol. Ro'n i'n trio cysuro'n hunan wedyn â'r ffaith ei bod hi'n rhwyddach i ga'l pobol i chwerthin pan fydde llawer ohonyn nhw 'da'i gilydd mewn cynulleidfa. Ond yn achos y rhaglenni Noson Lawen, pan fydde jôc yn cwmpo'n fflat o flaen Mam a Dad yn y tŷ, fe fyddwn i'n eu siarso nhw i beidio â dod i'r recordiad.

Yn lleol, o bosib oherwydd bod gofynion iechyd a diogelwch llym yn ei neud hi'n rhy drafferthus i'w threfnu, fe ddechreuodd y noson lawen fynd mas o ffasiwn. O ganlyniad fe fyddwn i fwy a mwy, ddiwedd y nawdege, yn cael fy ngwadd fel digrifwr mewn clybie rygbi a llefydd felly. Fe benderfynes i y gallwn i ehangu ar fy nghyfraniad i'r math yna o adloniant trwy gynnal nosweth gyfan fy hunan, gan ddweud jôcs a chanu ambell i gân.

## Gair ar ôl Cinio

O'i gymharu â'r dyddie hynny, ychydig iawn o waith fel digrifwr y bydda i'n ei neud erbyn hyn. Mae'r rhan fwya o'r cyhoeddiade y bydda i'n eu cadw bellach yn wahoddiade i siarad mewn rhyw ginio neu'i gilydd. Mewn achlysuron o'r fath, dwi wedi ffindo nad o's cyment o alw arna i i ddweud jôcs mwyach ond yn hytrach i adrodd am fy mhrofiade fel dyfarnwr rygbi, ac mae hynna'n mynd lawr yn dda bob amser.

A dweud y gwir, mae ambell i sylw ffraeth ar y cae rygbi llawn mor ddoniol â jôc, yn enwedig rhai gan y dorf! Yn y nosweithie adrodd profiade hynny, fe fydd jôc fach ddoniol bob amser yn ca'l croeso. Felly fe fydda i wrth fy modd o hyd yn clywed stori dda ac yn ei chofnodi mewn llyfr bach pwrpasol. Bydda i'n troi at y llyfr yma'n gyson am ddeunydd pan fydd angen paratoi ar gyfer ymddangos o flaen cynulleidfa. Erbyn hyn mae ynddo fe stôr werthfawr sy'n ffrwyth rhyw 20 mlynedd o drio ca'l pobol i chwerthin. Dyma gynnwys nifer ohonyn nhw yn y gyfrol fach hon yn y gobaith y dôn nhw â rhyw wên fach i'r darllenydd. Yn ogystal, falle y bydd y llyfr yn gymorth i ryw brentis bach o ddigrifwr gael ambell i stori i ychwanegu at ei gasgliad personol e, a fydd, yn 'y mhrofiad i, yn ddigon prin falle ar ddechre ei yrfa!

# O LE I LE

Thomas John ar wylie yn Sbaen, ac mae'n eistedd mewn tŷ bwyta. Wrth gwrs, gan nad yw e'n siarad gair o Sbaeneg, dyw e ddim yn deall y fwydlen. Fel mae'n digwydd, mae'r waiter yn dod â bwyd mas i'r bwrdd nesa ato – dwy belen fawr o gig ar y plât. Felly, i wneud pethe'n haws iddo'i hun, dyma Thomas John yn galw'r waiter draw a gofyn am yr un peth â'r bwrdd drws nesa.

'Sorri, Senor, ond delicasi yw hwnna, a dim ond unwaith y dydd ma'n bosib ei gael.'

'Jiw, jiw, oes rheswm am hyn 'te?'

'Wel, bob bore yn y pentre, ma 'na bull-fight. Wedi i'r tarw gael ei ladd, maen nhw'n dod â'r cig i'r tŷ bwyta yma. Ma peli'r tarw yn ddelicasi mawr yn yr ardal yma.'

'Oes modd i fi ga'l eu trio nhw fory?'

'Dewch yn ddigon cynnar, a dria i ngore, ond dwi'n addo dim byd,' medde'r Sbaenwr.

Felly, y diwrnod wedyn, aeth Thomas John i'r tŷ bwyta'n gynnar, a daeth y waiter â phlât mas iddo a phâr o beli arno.

'Dyna chi, Senor,' medde'r waiter. 'Joiwch nhw.'

Dechreuodd Thomas fwyta'r cig, ac ro'dd e'n flasus iawn. Ond ro'dd rhywbeth yn ei boeni.

'Esgusodwch fi,' medde a galw'r waiter yn ôl. 'Ma'r delicasi 'ma'n flasus iawn. Dwi ddim yn cwyno, ond dyw'r pâr yma ddim cyment o seis â phâr ddoe.'

'A, Senor – ambell waith ma'r tarw'n ennill!'

*   *   *

Dau Sbaenwr yn gweitho yng ngorsaf dân Caerfyrddin, Jose a Jose B.

Un dydd daeth galwad ffôn. 'Dewch cwic, plis! Mae'r ffat ar dân! Cwic!'

'Iawn, beth yw rhif y fflat?'

'Nage – dim fflat ond y ffat! Y badell tships!'

'Iawn, ni ar ein ffordd.'

Mewn pum munud mae Jose a Jose B yn cnocio ar y drws.

'Jiw,' medde'r fenyw. 'O ble chi'n dod?'

'O Sbaen, Senorita.'

'Chi wedi dod yr holl ffordd o Sbaen i ddiffodd fy nhân i? Jiw, dyw bois Caerfyrddin heb gyrradd 'to!'

\* \* \*

Boi o Dregaron yn magu cŵn. Ac mae un ci sbesial 'da fe sy'n gallu gwynto unrhyw beth dair milltir i ffwrdd. Felly mae'n mynd â'r ci at Customs Department y maes awyr a dweud, 'Ma'r ci 'ma'n sbesial, a wertha i fe i chi am £2,000.'

'Wel, os o's rhaid i ni dalu cyment â 'na, fi ishie ei weld e wrth ei waith.'

Felly, mae'r boi yn gadael y ci'n rhydd. Mae'n rhedeg rownd am ychydig bach, cyn rhoi ei bawen ar gês a chyfarth.

'Be sy'n bod ar y cês 'na?'

'Fe wna i garantïo i chi fod y cês 'na'n llawn sigaréts duty-free.'

Mae dyn y Customs yn agor y cês, a dyna be sy 'na – sigaréts duty-free ar gyfer y farchnad ddu.

'Da iawn, ond fi ishie gweld mwy,' medde'r dyn Customs.

Mae'r ci'n rhedeg rownd unwaith eto cyn rhoi ei ddwy bawen ar gês arall, a chyfarth.

'Be sy nawr?' medde dyn y Customs.

'Fe wna i garantïo i chi fod cyffurie yn y cês 'na.'

Mae'r dyn yn agor y cês unwaith eto – a gweld ei fod yn llond o gyffurie.

'Gwych. A' i i nôl y siec-bwc.'

Ond gyda hyn, dyma'r ci'n rhedeg rownd unwaith eto, yn rhoi ei ddwy bawen ar gês, cyfarth fel y diawl, a neud ei fusnes ar y llawr cyn rhedeg mas trwy ddrws y maes awyr.

'Beth mae e'n neud? 'Drych ar y mes! £2,000 am y mwngrel 'na? Bydd rhaid i fi ffonio'r glanhawyr i ddod lawr nawr!'

'Iawn, ffona di pwy ti'n moyn – ond fi'n mynd! Mae e wedi ffindo bom!'

\*       \*       \*

Trip Merched y Wawr i Gaerdydd i siopa. Ar y ffordd yn ôl, dyma nhw'n penderfynu stopio yn Abertawe a mynd mas i glwb nos. Wrth adael y bws, mae'r gyrrwr yn dweud wrthyn nhw nad yw'r bws yn cloi, felly bydd rhaid mynd â'u bagie siopa gyda nhw.

Dyma nhw'n cerdded i mewn i'r clwb nos gyda'u bagie siopa, ac mae act ar y llwyfan – boi Indiaidd yn chwarae ffliwt, a neidr yn codi o'r fasged. Chwarae'r ffliwt eto, ac mae'r neidr yn diflannu yn ôl i'r fasged. Mae'r boi wedyn yn galw Jên i'r llwyfan. Felly dyma hi'n cerdded lan i'r llwyfan a'i bagie siopa gyda hi. Mae'r ffliwt yn chwarae, ac mae bra a blwmers newydd o Dorothy Perkins yn codi o'r bag. Y ffliwt yn chwarae eto, a'r blwmers yn mynd 'nôl i'r bag. Mae Jên yn meddwl wrth ei hunan, 'Bachan, bydde'r ffliwt 'na'n handi uffernol gartre!'

Felly mae'n gofyn i'r boi Indiaidd a ellith hi brynu'r ffliwt ac mae ynte'n cytuno. Cyrraedd 'nôl adref, ac mae Jên yn taflu'r bagie siopa naill ochr ac yn rhedeg lan stâr gan gario'r ffliwt at John, ei gŵr, sy yn y gwely. Mae'n chwarae'r ffliwt ac mae cwilt y gwely'n dechre codi, yn uwch ac yn uwch. Gan daflu'r ffliwt o'r neilltu, a thynnu'r cwilt 'nôl, mae'n cael sioc uffernol wrth weld mai cortyn pyjamas John sy wedi codi dillad y gwely!

\* \* \*

Ffarmwr o Lambed yn tyfu llysie yn ei ardd. Un diwrnod mae'n sylwi bod ei lysie'n diflannu. Y diwrnod wedyn, mae'n sylwi bod rhagor wedi diflannu. Felly mae'r ffarmwr yn penderfynu aros ar ddihun drwy'r nos i weld beth sy'n digwydd iddyn nhw. Wrth gwato yn y sied, mae'n clywed sŵn y tu fas. Mae'n neidio allan ar foi yn cario sach o dato.

'Ha! Fi wedi dy ddala di'n dwyn fy nhato i, a fi'n mynd i ddysgu gwers i ti.'

'O, na! Plis paid â ffono'r polîs,' medde'r lleidr.

'Wna i ddim y tro hyn. Yn lle hynny, fe gymra i'r daten fwya sy yn y sach, a'i stwffio hi lan dy ben-ôl di.'

Dyma'r lleidr yn dechre chwerthin.

'Paid â chwerthin. 'Sdim byd yn ddoniol am dy ddrygioni di,' medde'r ffarmwr.

'Nag oes, fi'n gwbod, ond meddwl am John dwi. Mae e'n dilyn â bag o'ch swêds chi ar ei gefen!'

\* \* \*

Ar y ffordd i Lanelli ro'n i prynhawn 'ma, ac wrth groesi pont arbennig ar y ffordd, gweles i foi'n boddi yn yr afon. Wrth i fi stopio'r car, dyma foi arall yn neidio oddi ar y bont, a thynnu'r dyn oedd yn boddi i'r lan. Roedd y boi yn anymwybodol, ac felly dyma'r dyn oedd wedi neidio i'r afon yn dechre pwyso â'i ddwylo ar ei frest a'i stumog. Roedd y dyn yn dal i orwedd yn anymwybodol ar lan yr afon, a dŵr yn sgwyrto mas o'i geg wrth i'r dyn arall bwmpo.

Ar ôl iddo neud hyn am beth amser, dyma fi'n gweiddi ar y boi, 'Hei, ti'n gwbod beth ti'n neud?'

''Drycha di 'ma, gw'boi, fi'n qualified first-aider,' medde fe.

'Na, 'drycha di 'ma,' gwaeddais i'n ôl. 'Fi'n qualified engineer, ac os na dynni di'i din e o'r dŵr, fe bwmpi di'r afon yn sych!'

# GWEINIDOG AC ATHRAWES A...

Gweinidog newydd gyda'r Annibynwyr yn cerdded o gwmpas y pentre er mwyn dod i nabod yr ardal a'r bobol o'dd yn byw yno. Dyma fe'n dod ar draws crwt bach yn bownsio pêl ar y palmant ac wrth neud hynna yn adrodd y geirie,

'Blydi Saeson... prynu tai! Blydi Saeson... prynu tai!'

Dyma'r gweinidog yn mynd lan at y crwt ac yn dweud,

'Ti'n gwbod, fydde Iesu Grist ddim yn hapus dy fod ti'n rhegi fel'na.'

'Pwy yw e 'te?'

Roedd y gweinidog wedi synnu.

'Smo ti wedi clywed am Iesu Grist?'

'Nagw.'

'Wel, fe ddweda i rywfaint o'i hanes e wrthot ti. Fe gafodd Iesu Grist ei eni mewn preseb. Wyt ti'n gwbod pam?'

'Ydw,' medde'r crwt gan ailddechre bownsio'r bel. 'Blydi Saeson... prynu tai! Blydi Saeson... prynu tai!'

*   *   *

Plentyn bach yn y dosbarth yn codi'i law, a'r athrawes yn gofyn iddo beth oedd e ishie.

'Miss, dwi ishie pisho!'

'Ifan,' medde'r athrawes yn grac. 'Paid byth â dweud hynna eto. Beth ddylet ti ddweud yw – Rwy i ishie neud Nymbar Wan.'

Ymhen tipyn dyma blentyn arall yn codi'i law.

'Ie?' medde'r athrawes.

'Miss, dwi ishie caca!'

Aeth yr athrawes yn grac eto.

'Trefor, paid ti byth â dweud shwd beth eto. Y tro nesa, dwed dy fod ti am neud Nymbar Tw.'

Ar ôl ychydig dyma John yn codi'i law.

'Beth sy, John?' medde'r athrawes. 'Wyt ti am neud Nymbar Wan?'

'Nagw, Miss.'

'Wyt ti am neud Nymbar Tw 'te?'

'Nagw, Miss.'

'Wel, beth wyt ti ishie 'te?'

'Dwi ddim ishie dim byd, Miss. Mari fan hyn sy ishie taro rhech ond dyw hi ddim yn gwbod pa nymbar i ofyn amdano!'

*   *   *

Athrawes yn gadael yr ysgol lle buodd hi'n dysgu ers blynyddoedd ac ar ei diwrnod ola wrth ei gwaith dyma'r plant yn dod ag anrhegion iddi. Y gynta i ddod lan ati o'dd merch y dyn o'dd yn cadw'r siop flode leol. Wrth iddi dynnu'r papur oddi ar yr anrheg dyma hi'n dweud,

'Wel, Meri, dwi'n amau taw blode rwyt ti wedi dod i fi!'

'Ie, Miss!' medde Meri.

'Diolch yn fawr i ti. Maen nhw'n hyfryd!' atebodd yr athrawes.

Y plentyn nesa i ddod lan ati o'dd Dafydd, mab y siop losin. Ro'dd e'n cario pecyn sgwâr ac medde'r athrawes,

'Dafydd, ma rhywbeth yn dweud wrtha i taw bocs siocled yw hwn. Odw i'n iawn?'

'Odych, Miss!'

'Wel, dwi'n ddiolchgar iawn i ti Dafydd, dwi wrth fy modd gyda siocled.'

Y trydydd un i gyflwyno anrheg o'dd Sam, mab tafarnwr y pentre. Ro'dd ei anrheg e wedi'i lapio'n dda ond sylwodd yr athrawes fod diferion yn gollwng trwy waelod y bocs o'dd yn dal yr anrheg. Dyma hi'n blasu'r diferion trwy roi ei bys odanyn nhw.

'Diolch yn fawr, Sam!' medde hi. 'Potel o win sy 'da ti, ife?'

'Nage, Miss!' o'dd yr ateb.

Dyma'r athrawes yn rhoi ei bys o dan y pecyn er mwyn profi'r diferion unwaith eto, gan ofyn,

'O, nawr 'te! Potel o wisgi sy 'ma?'

'Nage, Miss! Chi'n rong 'to!'

'Wel, dwi'n rhoi lan! Dwed wrtha i beth sy yn y parsel 'te, Sam!'

'Ci bach, Miss!'

\*   \*   \*

Bachan yn siopa yn Tesco ac yn sylwi bod 'na fenyw yn edrych arno fel tase hi'n ei nabod e. Dyma fe lan ati a gofyn,

'Esgusodwch fi, odw i i fod i'ch nabod chi?'

'Wel,' medde hi, 'dwi'n meddwl taw chi yw tad un o 'mhlant i.'

Dyma'r bachan yn ca'l panic am eiliad achos alle fe ddim dychmygu shwd y galle hynna fod yn bosib. Ond dyma fe'n cofio'n sydyn am un achlysur alle fod yn gyfrifol.

'Nid chi o'dd y ferch 'na gwrddes i yn

y parti gafodd ei drefnu gan griw Cymry Llundain pan es i lan i Twickenham? Aethoch chi â fi lan lofft i ryw stafell, tynnu nillad i, fy nghlymu fi i'r gwely, rhoi siocled dros fy nghorff i gyd, gan gynnwys rhai mannau eitha sensitif, ac yna ei lyfu fe o'na. A man'na buon ni tan y bore. Yffach, ro'dd honna'n nosweth a hanner! Wel, wel! A chi o'dd y ferch 'na!'

'Nage!' medde hi'n eitha swta. 'Fi yw athrawes Gymraeg eich merch chi!'

* * *

Aeth ffarmwr at y fet i ofyn iddo fe am rywbeth fase'n gymorth i neud un o'i feirch e'n fwy ffrwythlon ac yn fwy awyddus. Dyma fe'n cael dwy dablet ganddo, gyda siars i roi'r ail un mewn lle diogel, petai'r gynta'n gweithio, achos fe alle hi fod yn beryglus i bobol. Fe weithiodd y dablet gynta mor dda nes y penderfynodd y ffarmwr y bydde'n eitha syniad iddo fe ei hunan gymryd yr ail dablet. Ar ôl diwrnod neu ddau roedd ei glustie fe wedi dechre tyfu'n hir, roedd 'da fe dipyn o flew ar ei war ac roedd e wedi dechre gweryru.

Aeth e 'nôl at y fet a dyma hwnnw yn ei

hala fe'n streit at y meddyg. Ar ôl ei archwilio dyma'r meddyg yn dechre ysgrifennu ar ddarn o bapur.

'Beth yw hwnna, Doctor, presgripsiwn ife?' gofynnodd y ffarmwr.

'Nage, permit sy'n rhoi hawl i ti gachu ar yr heol!'

\*     \*     \*

Ro'dd ffarmwr ishie clirio darn o dir, felly dyma fe'n rhoi hysbyseb yn y papur yn gofyn a fydde rhywun yn lico ca'l y gwaith. Yr unig ateb gafodd e o'dd un gan fachan nad oedd â llawer o waith yn ei groen e. Dyma'r ffarmwr yn gofyn iddo fe oedd ganddo fe brofiad o glirio tir o'r blaen.

'O, oes!' medde fe. 'Bues i'n gweitho yn y Sahara.'

'Ond bachan,' atebodd y ffarmwr, 'do's dim coed na llwyni yn y Sahara!'

'Nag oes... dim erbyn hyn!'

\*     \*     \*

Ro'dd dau ffarmwr wrthi'n cwblhau sêl yn y mart, y naill o sir Gaerfyrddin a'r llall o sir

28

Aberteifi. Ro'dd y ffarmwr o sir Gâr newydd brynu buwch am £500 oddi wrth y Cardi ac yn mynd i dalu â siec.

'Sawl 0 sydd mewn pum cant? Un neu ddau?' gofynnodd i'r Cardi.

'Dwi ddim yn gwbod yn gwmws,' atebodd hwnnw. 'Rho dri i lawr i ga'l bod yn saff!'

*   *   *

Ro'dd stiwdent bach wedi ca'l gwaith dros yr haf yn gofalu am y cychod ar y llyn ym Mharc Singleton yn Abertawe. Do'dd y gwaith ddim yn galed iawn – cymryd arian gan y cwsmeriaid a rhoi tocyn iddyn nhw. Yna, pan fydde eu hamser nhw ar y llyn yn dod i ben fe fydde'n gweiddi arnyn nhw trwy gorn siarad. Bydde'n cyhoeddi ei bod hi'n bryd iddyn nhw ddod i mewn.

Un diwrnod roedd e newydd weiddi, 'Rhif naw, dewch i fewn! Ma'ch amser chi ar ben!' pan gyrhaeddodd ei bennaeth.

Gofynnodd hwnnw i'r myfyriwr, 'Pam waeddest ti rif naw yn fan'na, dim ond wyth cwch sydd ar y llyn!'

Dyma'r stiwdent yn cael llond bol o ofan ac yn gweiddi unwaith eto,

'Rhif chwech, dewch mewn! Ma'n rhaid eich bod chi mewn trwbwl!'

*　　*　　*

Roedd pobydd yn enwog am nad o'dd ei gegin yn lân iawn ac ro'dd y Cyngor lleol wedi ca'l cwynion amdano. Felly, dyma un o swyddogion y Cyngor yn penderfynu galw gydag e a chymryd arno ei fod yn gwsmer. Pan gyrhaeddodd e'r becws roedd y pobydd wrthi'n tylino'r toes, sigarét yn ei geg a'r llwch sigarét yn disgyn ar y toes. Cwympodd pishyn o'r toes ar y llawr ond dyma'r pobydd yn ei godi, ei sychu fe yn ei ffedog a'i wthio fe 'nôl i ganol gweddill y toes. Yna poerodd ar y toes i'w neud e ychydig yn fwy llaith, cyn torri'r cyfan gyda hen gyllell llawn rhwd. Yna, ar ôl rhoi'r toes dros yr afalau ar y plât, dyma fe'n tynnu ei ddannedd gosod a'u defnyddio nhw i neud patrwm rownd ymyl y deisen. Dyma fe wedyn yn codi'r deisen a'i rhoi yn y ffwrn. Yna trodd at y swyddog gan ddweud, 'Dyna ni! Nawr beth alla i neud i chi?'

'Dipyn, 'swn i'n feddwl!' medde'r ymwelydd. 'Nid cwsmer dwi ond swyddog glanweithdra'r Cyngor. Ac mae'n rhaid i fi ddweud nad ydw i erioed wedi gweld neb yn dangos cyn lleied o barch at lanweithdra â chi!'

'Beth y'ch chi'n feddwl, ddyn?' medde'r pobydd.

'Wel, weles i chi'n gollwng y toes ar y llawr brwnt. Yna ei sychu fe yn eich ffedog a honno heb fod yn lân iawn. Yna fe boeroch chi ar y toes a defnyddio cyllell wedi rhydu i'w dorri fe. Ac i goroni'r cyfan fe ddefnyddioch chi eich dannedd gosod i neud patrwm ar hyd ymyl y darten. Does dim twlsyn 'da chi?'

'Wrth gwrs bod twlsyn 'da fi! Shwd ddiawl y'ch chi'n meddwl mod i'n neud twlle yn y donyts?!'

\* \* \*

Hen fenyw yn hel cocos ar y traeth ym Mhenclawdd pan neidiodd un o'r asynnod ar ei chefen hi. Nath hi ddim symud o gwbl, dim ond dweud yn dawel fach,

'Gwrandwch, do's dim syniad 'da fi pwy y'ch chi. Ond fe fydda i yma yn yr un lle a'r un amser, bob bore dydd Iau!'

\* \* \*

Cafodd consuriwr ei gyflogi i ddiddanu'r teithwyr ar fwrdd y Titanic. Roedd ganddo fe barot ar ei ysgwydd drwy'r amser ac yn anffodus bydde'r deryn bob amser yn datgelu cyfrinache tricie'r consuriwr wrth y gynulleidfa. Pa dric bynnag fydde gan y consuriwr yn cael hyn a'r llall i ddiflannu, bydde'r parot yn gweiddi pethe fel 'Ma fe yn 'i boced e!' neu 'Ma hi lan 'i lawes e!'

Pan fydde'r consuriwr yn gofyn i'r gynulleidfa ddyfalu pa gerdyn ro'dd e wedi'i guddio yn yr het, bydde'r parot bob amser yn galw'r ateb cywir mas cyn i neb gael cyfle i ddweud gair. Ro'dd hyn yn gwneud i'r consuriwr golli ei amynedd ac fe fydde weithie'n dial ar y deryn drwy roi ambell i glipsen iddo fe. Do'dd y parot ddim yn lico hyn o gwbwl ac fe fydde fe'n hollol dawel am ddyddie wedyn.

Y nosweth y trawodd y Titanic yn erbyn y mynydd iâ fe daflwyd y consuriwr a'r parot i'r môr fel cyment o'r teithwyr eraill, â'r parot yn dal ei afael yn dynn yn ei ysgwydd. Fe lwyddodd y ddau i ddringo ar ddarn o bren oedd yn arnofio gerllaw, â'r parot yn hollol dawel. Fel 'na buon nhw am tua wythnos, nes i'r parot yn y diwedd droi at y consuriwr a gofyn,

'Ocê! Dwi'n rhoi lan. Ble guddiest ti'r blydi llong 'na?'

*  *  *

Dyn yn mynd at y barbwr ac ynte'n gofyn, 'Ble ry'ch chi'n mynd ar eich gwylie?'

'I'r Eidal,' medde'r cwsmer. 'Dyna un o'n hoff wledydd ni fel teulu!'

'O,' medde'r barbwr, ''swn i byth yn mynd fan'na. Ma'r bwyd yn hollol ddiflas, dim byd ond pasta a spaghetti! Shwd y'ch chi'n bwriadu teithio yno?'

'Ry'n ni'n hedfan i Rufain ac yna fe fyddwn ni'n llogi car draw 'na.'

'O! 'swn i byth yn dreifo yn yr Eidal. Ma hi'n rhy ddanjerus. Mae'r rhan fwya o geir yno a chythrel o dolcie ynddyn nhw. Smo'r dreifwrs draw fan'na yn chwarter call!'

Ro'dd gan y barbwr rywbeth gwael i'w ddweud am bopeth yn yr Eidal.

Ymhen tair wythnos daeth yr un cwsmer 'nôl i dorri ei wallt unwaith eto.

'Wel!' medde'r barbwr, 'wnest ti enjoio mas yn Rhufain 'te?'

'Do, wir!' medde'r cwsmer, 'yn enwedig ca'l cwrdd â'r Pab.'

'Beth?' medde'r barbwr yn syn. 'Alla i ddim credu bod un o 'nghwsmeriaid i wedi bod yn siarad â'r Pab? Beth ddwedodd e wrthot ti?'

'Wel, ti'n gwbod, ro'n i yng nghanol y gynulleidfa anferth 'ma yn y Fatican a dyma'r Pab yn cerdded draw ata i a dweud, "Gobitho nag o's ots 'da chi bo fi'n gofyn, ond pwy o'dd y diawl dwl wnaeth dorri eich gwallt chi?"'

*   *   *

Rhai o fois y Cownsil newydd gyrradd y job ro'n nhw i fod i'w gneud y diwrnod 'ny pan dynnodd y bòs lan yn ei gar.

'Mae'n ddrwg 'da fi, bois,' medde fe, 'ond allwch chi ddim dechre ar 'ych gwaith 'to. Dyw'r brwshys ry'n ni wedi'u hordro ar eich cyfer chi ddim wedi cyrradd. So, yn y cyfamser, gwell i chi bwyso ar eich gilydd!'

*   *   *

Hen fachan yn mynd at y doctor gan ofyn iddo faint o obaith oedd 'da fe o fyw nes ei fod e'n gant.

'Wel,' medde'r doctor, 'cyn y galla i ateb hyn'na, ma'n rhaid i fi ofyn ychydig o gwestiyne i chi. Yn gynta, odych chi'n smoco?'

'Dwi ddim wedi smoco erioed,' medde'r hen fachan.

'Odych chi'n yfed llawer?'

'Dwi ddim wedi cyffwrdd mewn dropyn o alcohol erioed!'

'Odych chi'n un sy'n lico menywod?'

'Dim o gwbl. Hen lanc ydw i!'

'Felly, ga i ofyn cwestiwn bach i chi? Pam ry'ch chi ishie byw nes bo'ch chi'n gant?'

*   *   *

Ro'dd 'na fachgen o Dre-fach wedi neud tipyn o enw iddo fe'i hunan fel doctor yn California. Ro'dd e wedi neud gwaith ymchwil pwysig ar shwd i gadw'n ifanc ac wedi dyfeisio pilsen arbennig o'dd yn neud i bobol edrych yn ifanc. Yn wir, halodd e focsed ohonyn nhw at ei deulu yn Dre-fach.

Pan ddaeth e draw i weld ei rieni ryw chwe mis wedyn, ar glos y fferm fe ddaeth e wyneb yn wyneb â phisyn ofnadwy o siapus a deniadol.

'Wil!' medde hi, 'dwyt ti ddim yn fy nabod i? Fi yw dy fam di. Fe gymeres i un o dy bils di, ac edrych arna i nawr!'

'Yffach gols!' medde'i mab. 'Wel pwy yw hwn sy 'da chi yn y pram 'ma 'te?'

'O! Dy dad yw hwnna. Fe lyncodd e'r bocsed i gyd!'

*   *   *

Ro'dd Moc yn farbwr ers blynyddoedd mawr ac yn credu o hyd yn yr hen ffordd o siafo. Fe fydde fe'n rhoi wablyn ar y brwsh ac yna ar wyneb y sawl o'dd yn y gadair, cyn siafo'r cyfan o'na gyda raser hir.

Ro'dd un o fois ifanc y dre ishie trio'r ffordd henffasiwn yma o siafo, felly i mewn â fe i'r siop rhyw fore.

Y peth cynta nath Moc oedd poeri ar y brwsh cyn roi'r wablyn arno.

'Esgusodwch fi! Weles i chi'n poeri ar y brwsh 'na! Dyw hynna ddim yn beth glân iawn i neud, nag yw e?' medde'r dyn ifanc.

'Gwranda 'ma, gw'boi!' atebodd Moc. 'Ti'n lwcus taw dyn diarth wyt ti, neu fe faswn i wedi poeri ar dy wyneb di!'

# DAU HEN FFRIND A DAU FFARMWR A DAU...

Dau hen ffrind ar eu gwylie yn Blackpool. Wrth gerdded ar hyd y prom, dyma wylan anferth yn cwympo 'llwyth' ar ben Harri, a hwnnw'n rhedeg lawr ei ffrynt i gyd.

'O, na! A' i i nôl papur tŷ bach,' medde'i ffrind Dai, wrth droi am y toiled.

'Paid â bod yn dwp,' medde Harri. 'Erbyn i ti ddod 'nôl, bydd hi filltiroedd i ffwrdd!'

\*   \*   \*

Roedd dau ffarmwr yn cerdded adre ar draws y caeau ar ôl sesiwn eitha trwm yn y dafarn leol. Gyda hyn fe deimlodd y ddau angen i neud eu busnes, felly aethon nhw i gwtsho ym môn y clawdd. Fel ro'n nhw wrthi yn fan'no, dyma awyren jet swnllyd yn saethu'n isel ar draws yr awyr nes iddi bron â chyffwrdd brigau'r berth oedd yn tyfu ar ben y clawdd.

'Gest ti ofan fan'na nawr, on'do fe?' medde un wrth y llall.

'Naddo ddim!' medde ynte.

'Wel,' medde'r cynta. 'Pam ddiawl wyt ti'n sychu 'nhin i 'te?'

* * *

Ro'dd Anwen a Geraint yn paratoi i fynd mas i swper. Ro'dd Anwen newydd ga'l cawod a Geraint yn rhyw gamu i mewn i'r gawod, pan ganodd cloch y drws ffrynt. Dyma Anwen yn rhoi tywel amdani a mynd i ateb y drws. Pwy o'dd 'na ond Defi drws nesa.

'Diwedd mawr, rwyt ti'n edrych yn siapus iawn, Anwen!' medde fe. 'Fentra i dy fod ti hyd yn oed yn fwy siapus heb y tywel 'na! Fe rodda i hanner canpunt i ti os gwnei di adael i'r tywel 'na gwmpo i'r llawr.'

Dyma hi'n meddwl, 'Pam lai! Fe daliff yr hanner canpunt am ein pryd bwyd ni heno!'

Fe ollyngodd y tywel am ychydig eiliade ac fe dderbyniodd yr arian yn llawen!

'Pwy o'dd wrth y drws?' gwaeddodd Geraint.

'Dim ond Defi drws nesa,' atebodd Anwen.

'Beth o'dd e'n moyn? Dod â'r hanner canpunt ga's e 'i fenthyg 'da fi ddoe yn ôl, ife?'

* * *

Wil a Dai yn meddwl mynd i saethu rhyw brynhawn, felly dyma nhw'n penderfynu y bydde Wil yn mynd i ofyn i berchennog fferm Rhiw Fawr a fydde hi'n iawn iddyn nhw gerdded tiroedd y fferm.

'Dim problem,' medde ynte. 'A dweud y gwir, falle y byddech chi'n folon gneud cymwynas â fi. Ma'r fet wedi dweud wrtha i y dyle'r hen geffyl sy 'da ni gael ei ddifa. Ma fe'n pori i lawr ar y cae isha. Dwi ddim yn moyn talu ffortiwn iddo fe am neud. Sgwn i fydde ots 'da chi ei saethu fe tra bo'ch chi i lawr 'na?'

'Fe wnawn ni â chroeso,' medde Wil.

Felly i lawr â nhw i'r cae. Ond wedodd Wil yr un gair wrth Dai am y ceffyl. Yn sydyn dyma fe'n troi at ei bartner gan ddweud, 'Dai, dwi'n meddwl y gwna i ddechre gyda rhywbeth mawr heddi.'

Felly dyma fe lan at y ceffyl ac yn ei saethu fe yn y fan a'r lle.

'Diawl,' medde Dai, 'dwi'n credu y gwna i 'run peth â ti.'

Trodd at fuwch oedd yn pori ar bwys y ceffyl a'i saethu hi'n gelain.

\*   \*   \*

Hen fachan wedi mynd i'r ysbyty. Dyma ffrind yn galw i'w weld e gan ddweud wrtho,

'Mae'n dawel iawn fan hyn, Jac! Mae'n ofnadw o fishi drws nesa. Ro'n i'n clywed eu bod nhw wedi ca'l dau gês o peritonitis mewn 'na nithwr!'

'Diawl!' medde Jac, 'ma nhw'n lwcus! Dim ond Lucozade ry'n ni'n ei ga'l fan hyn!'

\*    \*    \*

Wedi i Wil a Dai ga'l eu dala'n pysgota yn yr afon ar dir y sgweiar fe gawson nhw eu holi gan y plismon lleol.

'Welsoch chi mo'r arwydd wrth yr afon – Preifat?'

'Do, ond do'n i ddim yn lico darllen mwy!'

\*    \*    \*

Joni bach yn byw 'da'i fam ac yn barod i briodi merch o'dd yn byw lawr ar waelod y stryd. Mae'r ddau yn cerdded gyda'i gilydd a dyma hi'n troi at Joni a gweud, 'Joni, cyn priodi wthnos nesa, ma 'da fi rywbeth pwysig i weud wrthot ti.'

'O, paid â gweud nawr. Gwed ar ôl i ni briodi.'

Felly mae'r ddau'n priodi, ac yn mynd ar eu mis mêl. Ar yr awyren ar y ffordd, mae'r wraig yn troi at Joni a gweud, 'Nawr ein bod ni wedi priodi, mae rhywbeth pwysig 'da fi i weud wrthot ti.'

'O, paid â gweud nawr. Gwed pan fyddwn ni yn yr honeymoon suite.'

Mae'r ddau'n cyrraedd yr honeymoon suite ac yn mynd i'r gwely. A hithe'n gorwedd yn y gwely, dyma hi'n troi at Joni unwaith eto.

'Reit, Joni bach. Ma rhaid i fi weud wrthot ti nawr. Ti yw'r dyn cynta i fi gysgu 'dag e erioed.'

Gyda hyn, dyma Joni yn neidio allan o'r gwely, pacio'i fagie, a gadael yn syth.

Mae'n cyrraedd gartre, a'i fam yn gofyn, 'Joni bach, beth ti'n neud gartre mor gynnar?'

'Wel, Mam,' medde Joni, 'wnei di ddim credu hyn. O'n i'n mynd i'r gwely, a wedodd hi mai fi yw'r dyn cynta iddi gysgu 'dag e erioed. Felly baces i 'magie a gadel yn syth.'

'Eitha reit 'fyd,' mynte hi. 'Os nag yw hi'n ddigon da i weddill y pentre, dyw hi ddim yn ddigon da i ti!'

\*    \*    \*

Dwy leian wedi rhedeg mas o betrol, felly ro'dd yn rhaid i un ohonyn nhw gerdded am ryw filltir i'r garej agosa cyn ca'l petrol. Ond yr unig lester o'dd 'da nhw i'w gario fe o'dd y pot pisho ro'n nhw'n ei gadw o dan y gwely.

Fe gafon nhw'r petrol ac wrth iddyn nhw arllwys y petrol o'r pot i'r car dyma ryw foi o'dd yn digwydd pasio'n gweiddi arnyn nhw,

'Ledis! 'Sda fi ddim lot o feddwl o'ch crefydd chi, ond diawl, dwi'n edmygu eich ffydd chi!'

\*    \*    \*

Ro'dd Tomos yn gweithio i'r Cownsil yn Abertawe a'i waith e o'dd edrych ar ôl y toiled yn y marina. Ro'dd e wedi bod yn neud hynny ers rhyw bedair blynedd gan weitho deg awr y dydd, bob dydd o'r wythnos.

'Pryd rwyt ti'n mynd i gymryd gwylie 'te?' gofynnodd Jac, ei bartner, iddo fe.

'O, dwi ddim wedi meddwl am y peth 'to,' atebodd Tomos.

'Wel,' medde Jac, 'cer draw i'r swyddfa a dwed wrthyn nhw dy fod ti'n moyn gwylie!'

Mewn ychydig wythnose aeth Jac lawr i'r marina am dro a phwy wele fe'n eistedd y tu fas i'r toiled, yn gwisgo hances am ei ben, sbectol haul a siorts, gyda hufen iâ yn ei law, ond Tomos.

'Beth gythrel wyt ti'n neud fan hyn?' holodd Jac.

'Wel,' atebodd Tomos. 'Fe wnes i ddilyn dy gyngor di a mynd draw i'r swyddfa i ofyn am wylie. Fe ges i lythyr cwpwl o ddiwrnode wedyn yn dweud y byddwn i'n ca'l pythefnos i ffwrdd.'

'Ond pam rwyt ti'n eistedd fan hyn 'te?' holodd Jac.

'O, aeth y llythyr mlân i ddweud – Take them at your own convenience!'

*   *   *

Aeth Wil a Sioni, dau o gymeriade pentre Llanddarog, lan i Lundain am y tro cynta erioed. Wrth gerdded lawr un o'r strydoedd siopa prysur, fe welon nhw arwydd mewn ffenest siop yn dweud – Suits £10. Shirts £2. Trousers £4.

'Gwranda, Wil!' medde Sioni, 'ma dillad yn tsêp fel y cythrel lan fan hyn. Tasen ni'n

43

prynu stoc go lew o'r rhain fe allen ni fynd â nhw i Landdarog, a'u gwerthu nhw a gwneud elw teidi.'

'Syniad da,' medde Wil.

Mewn â nhw i'r siop gan ofyn am wyth siwt, deg crys a chwe trowsus.

'Dy'ch chi ddim o'r ardal yma, nag y'ch chi?' gofynnodd bachan y siop.

'Nag ydyn. Ry'n ni'n dod o Landdarog yn sir Gaerfyddin. Ond shwd o'ch chi'n gwbod hynny?' holodd Sioni.

'Wel, siop dry cleaners yw hon!'

\*   \*   \*

Jane a Marged yn mwynhau dishgled o de gyda'i gilydd.

'Ma 'da fi newyddion i ti!' medde Marged. 'Ma Siwan ni a Deiniol wedi ca'l tripledi!'

'Llongyfarchiade! Ma hynna'n dipyn o gamp,' medde Jane.

'Ma'n debyg ei fod e! Dim ond unwaith mewn 4,000 o weithie ma hynna'n digwydd,' atebodd Marged.

'Ife, wir? Pryd o'n nhw'n ffindo amser i ga'l pryd o fwyd 'te?'

* * *

Dau hen fachan yn eistedd yn yr haul ar sêt yn y parc. Ro'dd ca'l sgwrs fach yn rheolaidd gyda'i ffrind fel hyn yn bwysig iawn i un ohonyn nhw gan nad o'dd e'n gallu gweld yn rhy dda.

Tra o'dd e wrthi'n siarad daeth ci lan ato fe, codi'i goes yn ei erbyn a gwlychu ei drowsus e'n wlyb diferu.

Ar hynny, dyma'r dyn yn dal ei law mas ac yn estyn losin i'r ci.

'Pam rwyt ti'n estyn losin i'r ci 'na, ac ynte newydd bisho ar dy drowsus di?' gofynnodd ei ffrind iddo fe.

'Rwy i ishie bod yn siŵr ble ma'i ben blaen e, fel mod i'n gallu rhoi cic iddo yn ei din!'

* * *

Ro'dd Gwilym yn ward yr henoed yn yr ysbyty, a rhwng ei fod e heb ei ddannedd ac yn sobor o welw do'dd e ddim yn edrych yn rhy dda. Ro'dd yr anrhegion a gafodd e gan ymwelwyr yn un pentwr wrth ochr y gwely ac ar y top ro'dd llond powlen o gnau Brasil.

Pan alwodd Dai, un o'i ffrindie, i'w weld e

dyma hwnnw'n dweud pa mor flasus o'dd y cnau Brasil yn edrych. Dwedodd Gwilym wrth Dai am helpu'i hun i'r cnau, ac fe ddechreuodd ynte fwyta rhai ohonyn nhw.

'Dwed wrtha i, Gwil, ble cest ti'r cnau ffein 'ma?' gofynnodd Dai.

'Meri drws nesa ddaeth â nhw i mewn i fi!'

'Ond pam ddaeth hi â chnau i ti, a tithe heb ddannedd i'w cnoi nhw?'

'Wel, pan ges i nhw ro'dd siocled drostyn nhw!'

\*     \*     \*

Gronw yn cwrdd â'i ffrind Robin yn y pentre rhyw fore ac yn gofyn iddo fe,

'Pam wyt ti'n edrych mor ddigalon?'

'Wel,' medde Robin. 'Fe ddwedodd fy mam-yng-nghyfraith wrtha i nad o'dd hi'n mynd i siarad â fi am dri mis.'

''Swn i'n meddwl y bydde ca'l llonydd 'da dy fam-yng-nghyfraith am dri mis yn rhywbeth i'w groesawu!' atebodd Gronw.

'Bydde!' medde Robin, 'ond ma'r tri mis yn dod i ben heno!'

\*     \*     \*

Ro'dd Dic a Ned wedi prynu dau geffyl raso a'u rhoi nhw i bori gyda'i gilydd mewn cae ar waelod y pentre.

'Ond shwd y'n ni'n mynd i wybod y gwahaniaeth rhyngddyn nhw?' medde Ned.

'Ma'r ateb yn syml,' medde Dic. 'Fe dorra i hanner mwng 'y ngheffyl i bant.'

Pan aethon nhw 'nôl yr ail ddiwrnod ro'dd rhywun wedi torri hanner mwng ceffyl Ned hefyd.

'Dim problem!' medde Dic. 'Fe dorra i weddill mwng 'y ngheffyl i bant.'

Erbyn y bore wedyn roedd rhywun wedi torri gweddill mwng ceffyl Ned hefyd.

'Reit!' medde Dic. 'Dwi'n mynd i dorri hanner cwt 'y ngheffyl i bant.'

Ond, unwaith eto, pan gyrhaeddon nhw'r cae y bore ar ôl hynny, ro'dd hanner cwt ceffyl Ned wedi diflannu hefyd.

'Diawl! Ma'n rhaid i ni fod yn ofalus!' medde Dic. 'Ar y rât yma, fydd dim ceffyle 'da ni ar ôl.'

'Ti'n eitha reit,' medde Ned. 'Y peth gore i ni ei neud yw dy fod ti'n ca'l y ceffyl gwyn a mod i'n ca'l y ceffyl du.'

# HEN GYMERIADE

Do'dd dim lot ym mhen Defi ond ro'dd e'n fachan a wnâi unrhyw beth i helpu unrhyw un. Rhyw ddiwrnod roedd dyn ar fin boddi yn yr afon, ac achubodd Dai'r dyn drwy ei lusgo fe mas o'r dŵr.

Yn hwyrach y diwrnod hwnnw galwodd plismon i weld Defi gan ofyn iddo, 'Y ti safiodd y dyn 'na o'r afon y bore 'ma?'

'Ie, y fi o'dd e,' atebodd Defi.

'Wel, mae'n ddrwg 'da fi ddweud wrthot ti, ond ma fe wedi crogi ei hunan ar goeden ar bwys yr afon!'

'Na, na! Y fi roiodd e fan'na i hongian er mwyn iddo fe sychu!'

\*    \*    \*

'Duw!' medde Jac, 'mae'n damp yn tŷ ni. Ma hi mor damp, fe gafodd y wraig ei chnoi ar ei phen-ôl gan hwyaden y dydd o'r blaen. Y canlyniad o'dd ei bod hi'n rowlo mewn poen am orie wedyn. A do's dim byd gwaeth, nag oes e, na gweld hwyaden yn rowlio mewn poen am orie!'

\* \* \*

Sianco, o'dd yn 85 oed, yn mynd i briodi Sharon, o'dd ond yn 25 oed. Cyn y diwrnod mawr fe benderfynodd e fynd at y doctor i ga'l gair o gyngor.

'Wel, Sianco,' medde hwnnw. 'Ma rhaid i ti gofio bod angen tipyn o garu ar ferch 25 oed. Yn wir, fe alle hynny fod yn farwol.'

"Na fe 'te,' medde Sianco. 'Os bydd hi farw, fe fydd hi farw!'

\* \* \*

Trefor yn darganfod bod ganddo afiechyd difrifol a phrin iawn, mor brin fel nad o'dd dim enw arno, dim ond rhif, sef B232.

Dyma'i ddoctor e'n dweud wrtho fe,

'Ma'n ddrwg 'da fi, ond ma'n rhaid i fi ddweud wrthoch chi y dylech chi neud yn fawr o'ch bywyd o hyn mlân, achos dim ond dau fis sy 'da chi ar ôl i fyw!'

Aeth e gartre a dweud y newydd drwg wrth ei fam.

'Ma hynna'n ofnadw!' medde hi. 'Eto i gyd, ma'n rhaid i ni wrando ar beth ddwedodd y doctor ynglŷn â neud yn fawr o dy fywyd.

So, dere 'da fi i'r Bingo heno. Fe gei di lot o sbort!'

Er nad o'dd e wedi rhoi cynnig arni erioed o'r blaen, fe ga'th e dipyn o hwyl arni. Fe enillodd y gêm gynta am linell gyfan, a'r ail. Eto, doedd dim gwên ar ei wyneb e. Fe enillodd y nesa hefyd, am dŷ llawn, a'i wyneb e'n dal i edrych fel nad o'dd e'n enjoio dim. Felly y buodd hi drwy'r nos, nes daeth hi'n amser y gêm fawr. Erbyn hynna ro'dd y jacpot wedi cyrraedd chwarter miliwn o bunnoedd ac ro'dd angen carden lawn i ennill y wobr. Aeth pethe'n dda iawn iddo yn y gêm honno hefyd a chyn hir dim ond un rhif o'dd ei angen arno i ennill, sef 47. Buodd y rhif hwnnw'n hir cyn ca'l ei alw ond fe ddaeth e yn y diwedd.

Ro'dd 'na weiddi a sgrechen mawr o'i gwmpas a phawb yn ei longyfarch. Er hynny, do'dd dim gwên ar ei wyneb e ac ro'dd e'n edrych mor sych ag y buodd e drwy'r nos.

'Dwi ddim yn eich deall chi,' medde'r galwr. 'Ry'ch chi wedi ennill popeth yma heno ond dy'ch chi ddim wedi gwenu un waith ar unrhyw un.'

Dyma Trefor yn codi ar ei draed ac yn cyhoeddi, 'Ma B232 'da fi!'

'Wel, myn diawl i,' medde'r galwr. 'Rwyt ti 'di ennill y blydi raffl 'fyd!'

*   *   *

Roedd Twm braidd yn dwp ond fe lwyddodd i ga'l gwaith labro ar safle adeiladu lleol. Un diwrnod fe gafodd e ddamwain. Fe gwmpodd teilsen oddi ar y to a bwrw ei glust chwith yn glir bant oddi ar ei ben.

Buodd y gweithwyr i gyd yn chwilio'n ddyfal am ei glust ac yn wir, o'r diwedd, fe gawson nhw hyd iddi. Daeth Twm draw atyn nhw ac edrych ar y glust cyn ei thaflu hi 'nôl i ganol y baw.

'Nage fi sy biau honna,' medde fe. 'Ro'dd 'da fi bensil tu ôl i nghlust i!'

*   *   *

Ro'dd 'dyn y march' ers llawer dydd yn dipyn o foi fel arfer. Bydde fe'n cerdded y ffermydd ar hyd a lled y wlad, gan gyflwyno'i farch i nifer fawr o gesig ar ei drafel. Ar ben hynna ro'dd e ei hunan, yn aml, yn un o'dd yn lico'r merched.

Rhyw nosweth ro'dd Jacob wrthi'n ca'l

51

peint tawel yn nhafarn y pentre ar ôl diwrnod prysur o waith gyda'i farch. Dyma un o'r bois lleol yn gofyn iddo,

'Sawl un ma fe wedi marcho 'da ti'r wthnos 'ma, Jacob?'

'Wel,' medde Jacob, 'yn ôl y cownt diwetha, ro'n i ddwy ar y blân iddo fe!'

\* \* \*

Galwodd y Cardi 'ma yn y banc yn Aberteifi er mwyn ca'l benthyciad o £200 am chwe mis.

'Iawn,' medde'r rheolwr, 'ond cyn y gallwn ni gytuno i roi'r arian i chi fe fydd yn rhaid i ni ga'l rhyw warant y byddwch chi'n talu'r arian yn ôl.'

'Dim problem,' atebodd y Cardi. 'Ma 'da fi gar Rolls Royce Silver Cloud y tu fas. Dyma'r allweddi i chi. Fe gewch chi gadw'r car nes y bydda i wedi talu'r arian i gyd yn ôl i chi.'

Mewn chwe mis galwodd y Cardi yn y banc 'to, a thalu'r £200 'nôl i'r rheolwr. Wrth roi'r allweddi 'nôl dyma'r rheolwr yn dweud,

'Maddeuwch i fi, ry'ch chi'n amlwg yn ddyn cyfoethog. Pam o'dd angen benthyg £200 arnoch chi?'

'Wel, dwi wedi bod yn Jamaica am whech mis,' medde'r Cardi. 'Ble arall gallen ni barco Rolls Royce am whech mis am £200?'

*   *   *

Flynyddoedd yn ôl fe fyddwn i'n dwlu mynd i'r Sioe Frenhinol gyda Nhad a Tad-cu. Ro'dd tipyn o ddiddordeb 'da ni yn y cobie, fel oedd gan Twm Pentre Isa, hen gymeriad o Dre-fach.

Un flwyddyn fe enillodd un o gobie Twm y wobr gynta. Y Dywysoges Ann, fel ro'dd hi'n digwydd, o'dd yn cyflwyno'r wobr iddo.

'Wel,' medde hi yn ei Saesneg crand. 'Ma 'da chi greadur pert iawn fan hyn!'

'Oes, oes!' medde Twm, heb ddeall rhyw lawer o'r hyn roedd hi'n trio'i ddweud wrtho.

'Mae'r cobyn yma yn enghraifft wych o'r brid arbennig hwn, 'swn i'n meddwl,' medde'r Dywysoges wedyn.

'Odi, odi,' medde Twm, yn dal heb fod fawr callach o ran deall ystyr ei geirie caredig.

'Pa mor bell mae ei bedigri e'n mynd?' gofynnodd hi.

'Pardwn?'

'Pa mor bell mae ei bedigri e'n mynd?'

'Wel,' atebodd Twm. 'Pan ma hi mas i gyd yn ei llawn ogoniant, mae hi'n cyrradd y llawr!'

\* \* \*

Ro'dd Wil ishie prynu car newydd, felly dyma fe i lawr i'r garej leol a dewis y model o'dd e'n ei ffansïo. Ro'dd e wedi bod yn cynilo arian ers tro byd ar gyfer hyn. Fe ofynnodd i ddyn y garej faint fydde fe'n fodlon tynnu oddi ar bris y car newydd tase fe'n talu amdano mewn arian parod.

'O, fe dynnen i ddeuddeg y cant bant i ti, Wil,' medde dyn y garej.

Do'dd Wil ddim yn un da am wneud syms, felly fe ddwedodd y base fe'n lico cael amser i gnoi cil ar y cynnig.

Ro'dd e'n ffrindie mawr â menyw leol o'dd yn hen gyfarwydd â chynnig cysur i hen ddynion yr ardal. Felly, y bore wedyn, fe alwodd e draw i'w gweld hi.

'Jane,' medde fe wrthi. 'Pe byddet ti'n gofyn i fi am ddeuddeg mil a finne'n gofyn i ti dynnu deuddeg y cant, faint yn gwmws fyddet ti'n fodlon ei dynnu bant?'

'Jiw! Jiw!' atebodd hi, 'am ddeuddeg mil, 'swn i'n folon tynnu popeth bant heblaw am fy ear-rings!'

# CWM GWENDRAETH
## A'I PHOBOL

Cododd problem fach ym mhwll glo'r Mynydd Mawr ers llawer dydd. Ro'dd y swyddogion yn amau bod rhai o'r dynion yn dwyn tŵls o'r gwaith. Fe alwodd un ohonyn nhw yn nhŷ Twm John – ro'dd e wedi bod yn gweitho o dan ddaear ers dros 40 mlynedd. Medde'r swyddog wrth wraig Twm,

'Gaf fi air bach 'da Mr John, os gwelwch yn dda. Mae lot o dŵls wedi mynd ar goll yng ngwaith Mynydd Mawr, pethe fel mandreli, hetie, bwcedi, cotie, ambell i slej ac yn y blân. Mae Mr John yn ca'l ei amau o ddwyn lot fawr ohonyn nhw!'

'Do's dim posib bod hynna'n wir,' medde gwraig Twm. 'Fe yw un o'r dynion mwya gonest mas. Ma fe'n mynd i'r cwrdd ddwy waith bob dydd Sul ac i'r Ysgol Sul. Ma fe'n byw bywyd teidi... byth yn yfed na smoco... a byth yn gamblo hyd yn oed. Rhag eich cwilydd chi am feddwl y base Twm ni'n dwgyd y pethe 'na ro'ch chi'n sôn amdanyn nhw!'

'Odi Mr John gartre?' gofynnodd y swyddog.

'Odi, ma fe lawr yn y sied yng ngwaelod yr ardd.'

Wrth i'r swyddog droi tuag at y drws dyma Mrs John yn dweud,

'Ma hi braidd yn bell i chi gerdded. Pam na gymerwch chi lifft ar y conveyor i lawr 'na?'

* * *

Ro'dd 'na hen ddyn bach yn eistedd ar sedd y pentre ym Mhontyberem yn edrych yn bles iawn â fe ei hunan. Dyma un o'r nifer fawr o ymwelwyr o'dd yn arfer dod yno yn mynd lan ato fe.

'Wel, ry'ch chi'n edrych yn bictiwr o hapusrwydd!' medde hi. 'Dwedwch wrtha i, beth yw'r gyfrinach bo chi wedi byw mor hen a bo chi'n amlwg yn dal i fwynhau eich bywyd?'

'Wel,' medde fe. 'Dwi'n yfed poteled o wisgi y dydd, dwi'n smoco pum cant o ffags bob wythnos, a dwi'n bwyta fel ceffyl. Bydda i'n ca'l cig moch ac wy i frecwast bob bore, a tships i swper. A bydda i neud yn siŵr mod i'n gorffwys digon a ddim yn blino gormod. Dwi ddim yn credu yn y busnes cadw'n heini 'ma.'

'Ma hynna'n fy synnu i,' medde'r ymwelydd, 'a chithe'n edrych cystal. Dwedwch wrtha i, faint yw eich oedran chi?'

'Pump ar hugain,' medde fe.

*    *    *

Wrth gwrs maen nhw'n dweud bod cadw'n heini'n bwysig iawn i bawb o bob oedran ac fe ddechreuodd Dai drws nesa jogio pan o'dd e'n 75 mlwydd oed. Mae e'n 82 erbyn hyn.

Do's neb wedi'i weld e ers aeth e am jog. Do's neb yn gwbod ble ma fe nawr!

*    *    *

Rhyw ddiwrnod ro'n i'n aros mewn ciw ym Mhontyberem yn dishgwl am y bws i fynd â fi i Lanelli. O mlân i o'dd yffach o bishyn smart... yn goese i gyd, a phan gyrhaeddodd y bws ro'dd ei sgert hi mor dynn ac mor fyr fel y cafodd hi broblem fawr i gamu i mewn i'r bws. Fe driodd neud pethe'n haws drwy roi cynnig ar agor rhyw fwtwm neu ddau yng nghefen ei sgert ond ro'dd hi'n dal i ga'l trafferth. Felly dyma hi'n trio agor rhagor o fwtwme ond ro'dd codi ei choes yn dal yn drech na hi.

Yn sefyll y tu cefen iddi ro'dd un o fois cyhyrog y pentre, felly fe driodd ei helpu trwy afael ynddi a'i chodi hi ar y bws. Fe aeth hi'n ofnadwy o grac.

'Beth gythrel y'ch chi'n neud, ddyn? Pa hawl sy 'da chi i afael yno' i fel'na, a finne ddim yn eich nabod chi?'

''Swn i ddim yn cytuno!' medde fe. ''Swn i'n dweud eich bod chi'n fy nabod i'n eitha da erbyn hyn, a styried bo chi wedi agor fy nghopis i ddwy waith yn y ciw 'na!'

\*     \*     \*

Ro'dd bachan o'r Cwm newydd golli ei wraig, felly dyma fe'n mynd i swyddfa'r papur lleol i roi cyhoeddiad yn y golofn marwolaethau.

'Beth fasech chi'n lico'i ddweud?' gofynnodd y ferch yn y swyddfa.

'Mae Meri wedi marw,' medde fe.

'Fe gewch chi roi mwy o eirie 'na 'ny, am yr un pris,' medde hithe.

'O! Olreit 'te, medde fe. 'Beth am – Mae Meri wedi marw. Nissan Micra ar werth?'

\*     \*     \*

Maen nhw i'w cael ym mhob pentre ac maen nhw yng Nghwm Gwendraeth, sef y menywod hynny sy'n meddwl eu bod nhw'n well na phobol eraill. Wir i chi, maen nhw'n hala tipyn o'u hamser yn hela clecs am bawb a phopeth.

Un fel'na o'dd Marged Ann o'r pentre 'co. 'Sdim dwywaith ei bod hi'n fenyw bwerus iawn yn ogystal â bod yn un ddanjerus. Wedi'r cyfan, hi o'dd y Cynghorydd ac ro'dd hi'n amlwg iawn ym Merched y Wawr a'r WI.

Roedd statws a pharch yn hollbwysig iddi ac os bydde hi'n dod i glywed am unrhyw un oedd, yn ei barn hi, yn bihafio mewn ffordd amheus, fydde hi ddim yn hir cyn rhoi gwbod i'r byd a'r betws. O ganlyniad ro'dd ei hofon hi ar bawb yn yr ardal – hynny yw, pawb ond Wil Dai.

Ro'dd Marged wedi gweld 4 x 4 Wil Dai tu fas i'r Crown ar fwy nag un achlysur a chyn bo hir ro'dd hi wedi anfon stori ar led bod problem yfed 'dag e a'i fod e bron â bod yn alcoholic. Yn wir, fe fuodd hi mor ddwl â chyhuddo Wil yn ei wyneb. Ddwedodd e ddim gair wrthi ar y pryd ond yn hwyr y noseth 'ny fe ddreifodd e'r 4 x 4 lan at dŷ Marged, ei barco fe y tu fas i'w thŷ a cherdded gartre.

Wrth gwrs, ro'dd y cerbyd yn dal tu fas i dŷ Marged y bore wedyn, a phawb yn gallu ei weld e!

\* \* \*

Ro'dd bachan o'r Tymbl yn dod gartre o Lanelli mewn tacsi yn orie mân y bore. Ar ôl rhyw chwarter awr o'r daith fe benderfynodd ddweud wrth y dreifwr ble yn gwmws yn y pentre ro'dd e ishie ca'l ei ollwng. Ro'dd tipyn o sŵn ar y radio yn y tacsi, felly pwysodd e mlân a rhoi ei law ar ysgwydd y dreifwr er mwyn ca'l ei sylw fe. Dyma hwnnw'n sgrechen nerth ei ben gan golli pob reolaeth ar ei gerbyd.

Fe saethodd y tacsi ar draws yr heol, drwy'r clawdd ac i mewn i gae o wair. Fe sefodd y dreifwr ar y brêc ac ymhen rhyw ugain llath fe ddaethon nhw i stop, reit ar lan afon eitha ffyrnig yr olwg. Ar ôl rhyw funud o ddistawrwydd llethol dyma'r dreifwr yn dweud, 'Diawl, fe halest ti ofon arna i fan'na!'

Ymddiheurodd y teithiwr gan ddweud nad oedd e wedi dychmygu am eiliad y base rhoi ei law ar ei ysgwydd e'n ca'l shwd effaith arno fe.

'Wel,' medde'r dreifwr. 'Heddi yw niwrnod

cynta i wrth y gwaith yma. Am y pymtheg mlynedd diwetha, dwi wedi bod yn dreifo hers!'

\*   \*   \*

Ro'dd gang o fois y Cownsil yn torri ffos yn Crwbin. Dyma'r fforman yn gweiddi, 'Neidwch mas o'r ffos a neidwch lan a lawr wrh ei hochor hi. Nawr, neidwch 'nôl mewn!'

Fe fu'n rhaid iddyn nhw neud hyn bob rhyw bum munud am tua hanner awr. Yn y diwedd ro'dd y bois wedi ca'l llond bola.

'Pam ddiawl y'ch chi'n gofyn i ni neido mewn a mas o hyd?' gofynnodd un ohonyn nhw i'r fforman.

'Wel!' medde fe, 'ry'ch chi'n codi mwy o bridd mas o'r ffos ar eich sgidie nag y'ch chi'n ei neud â'ch rhofie!'

# GWESTAI A DIFERYN BACH YN ORMOD

Ro'dd na dipyn o waith 'da'r plismon lleol i gadw trefen ar fois Trimsaran ar nos Sadwrn. Unwaith yn rhagor ro'dd e wedi gorfod aresto Ianto am fod yn feddw ac wrthi'n ei lusgo fe lan i orsaf yr heddlu. Ro'n nhw ar fin cyrraedd pan waeddodd Ianto ei fod e wedi colli ei gap.

'Dwi'n cofio'r gwynt yn ei hwthu fe bant oddi ar 'y mhen i yng nghanol y sgwâr!' medde fe. 'Gaf fi fynd i whilo amdano fe, plis? Ma'n gap newydd a bydd Mam yn grac os bydda i wedi'i golli fe!'

'Dwi'n gyfarwydd â'ch trics chi, fois Trimsaran!' atebodd y plismon. 'Os gadawa i ti fynd i whilo am dy gap fe wnei di ei baglu hi o'ma. Felly aros di lle rwyt ti. Fe af i i nôl dy gap di!'

\* \* \*

Rhyw nosweth fe gafodd Wil lond bola o ofan wrth iddo ddreifo'i gar. Wrth ei ochr e, ar y tu fas ro'dd injan dân yn mynd ar yr un cyflymdra â fe. Y tu fewn iddo fe, ro'dd ambiwlans yn mynd ar ras a thu cefen iddo ro'dd ceffyl mawr yn trio dala lan ag e. Wrth ochr hwnna ro'dd awyren yn trio codi digon o gyflymdra i lansio'i hunan o'r ddaear. Ro'dd e wrthi'n dreifo yn eu canol nhw i gyd, yn teimlo'n eitha nerfus.

Ond shwd o'dd e wedi cyrradd shwd stad?

Wel, serfo fe reit am fentro, yn ei gyflwr meddw, ar y meri-go-rownd yn Ffair y Bont.

\* \* \*

Meddwyn yn sefyll o dan bolyn lamp yn trio rhoi allwedd i mewn i ganol y polyn. Plismon yn digwydd paso gan ddweud wrtho fe,

'Dwi ddim yn meddwl bod neb gartre!'

Oes, mae e 'te!' atebodd y meddwyn, 'achos ma gole mlân lan lofft!'

\* \* \*

Mae llawer o Saeson yn symud i gefen gwlad Cymru gan feddwl eu bod nhw'n mynd i neud eu ffortiwn. Dyna wnaeth y Cyrnol Thompson wedi iddo ymddeol o'r Fyddin. Fe agorodd e dafarn ym Mhorth-y-rhyd ond do'dd dim llawer o fynd ar y lle. Un nosweth, Arthur Bach o'dd ei unig gwsmer yn y dafarn a medde'r Cyrnol wrtho,

'Do you know, Arthur, since we're not doing so well here. I think I'll close this place and open a brothel instead!'

'Diawl!' medde Arthur. 'If you can't sell beer here, how the hell do you think you can make a living by selling broth?'

\* \* \*

Hen fachan o Nantgaredig yn mynd â'i wraig am bryd o fwyd i'r Ivy Bush yng Nghaerfyrddin. Ar ddiwedd y nosweth dyma fe'n ca'l bil am £60. Dyma fe'n galw'r waiter draw gan ofyn,

'Pam bod y bil 'ma mor uchel? Dim ond un cwrs, a dishgled o goffi yr un geson ni. Smo hynna'n dod i £60!'

'Ond ro'dd 'na dipyn o ecstras ar y ford,' atebodd y waiter. 'Rhoddon ni fara, cnau, olives a dŵr i chi.'

'Naethon ni ddim twtsiad yn rheina,' protestiodd yr hen fachan.

'Naddo, ond eich bai chi o'dd hynna. Ro'n nhw yno i chi os o'ch chi eu heisie nhw.'

'Gwranda gw'boi. Fe gei di dynnu hanner

y bil ar unwaith am dy fod ti wedi bod yn labswchan y wraig.'

'Ond dwi i ddim wedi twtsiad yn eich gwraig chi.'

'Naddo, ond ro'dd hi yno i ti os o't ti ei heisie hi!'

\*　\*　\*

Ro'dd pâr wedi mynd i'r gwesty crand 'ma am bryd o fwyd. Yng nghanol y pryd fe sylwodd y waiter ar y dyn yn sleido'n raddol oddi ar ei sêt nes ei fod e'n eistedd ar y llawr o dan y ford. Do'dd y fenyw ddim fel petai hi wedi gweld hyn, felly dyma'r waiter lan ati gan ofyn,

'Odych chi'n gwbod bod eich gŵr chi wedi sleido o dan y ford?'

'Nage ngŵr i sy wedi sleido o dan y ford!' medde hi. 'Ma ngŵr i newydd gerdded i mewn 'ma nawr!'

\*　\*　\*

Ro'dd hen bâr priod yn cael pryd mewn gwesty yn Abertawe. Dyma'u bwyd nhw'n cyrraedd yr un pryd ond ar ôl tipyn fe sylwodd y waiter taw dim ond yr hen ddyn oedd yn bwyta.

Ro'dd yr hen wraig yn eistedd yn llonydd yn edrych arno'n claddu.

'Esgusodwch fi,' medde'r waiter. 'Oes rhywbeth o'i le ar y bwyd?'

'O nag oes!' medde hi'r hen wraig. 'Ry'n ni wedi arfer rhannu popeth gyda'n gilydd ar hyd ein bywyd priodasol. Heddi, ei dro fe yw hi i ga'l y dannedd gosod yn gynta!'

\* \* \*

Aeth Sioni ar y sbri i Abertawe rhyw ddiwrnod ac ar ôl galw mewn ychydig o dafarne fe gafodd ei hunan mewn ocsiwn. Tra o'dd e yno fe gymerodd ffansi at ryw barot oedd ar werth, ac fe fuodd yn cynnig yn daer amdano. Fe lwyddodd i brynu'r aderyn o'r diwedd, a'r caets o'dd yn gartre iddo, am hanner canpunt.

Pan aeth e i dalu ro'dd e am neud yn siŵr bod y parot yn gallu siarad, felly dyma ofyn i'r gwerthwr am ei allu i ddweud gair neu ddau.

'Wrth gwrs ei fod e'n gallu siarad!' medde hwnnw. 'Pwy wyt ti'n meddwl sy wedi bod yn cynnig yn dy erbyn di am y chwarter awr diwetha?'

*   *   *

O'dd Wncwl 'da fi oedd yn teimlo ychydig bach yn sâl, felly aeth e i weld y doctor. Dyma hwnnw'n gofyn iddo faint o'dd e'n ei yfed. Dyma'r wncwl yn dweud wrtho fe.

'Dwi'n gwbod beth sy'n bod arnoch chi,' medde'r doctor. 'Ry'ch chi'n diodde o alcoholic constipation.'

'Beth gythrel yw hwnna?' gofynnodd fy wncwl.

'Wel, ry'ch chi'n ei cha'l hi'n anodd i basio tŷ tafarn!'

*   *   *

Ro'dd Cadeirydd Llys yr Ynadon wedi ca'l wythnos galed. Felly, un prynhawn Gwener, fe benderfynodd e ddod â busnes y Fainc i ben yn gynnar, er mwyn ca'l cyfle i fynd am gwpwl o beints gyda'i ffrindie. Aeth hi'n sesiwn drom ac fe gafodd y cwrw'r gore arno fe. Ac ynte'n feddw gaib fe chwydodd dros ei siwt i gyd. Rhag i'w wraig ddod i wybod am hyn fe ddwedodd wrthi fod meddwyn y buodd e'n delio ag e yn y Llys wedi chwydu dros ei ben e pan gafodd ei ddedfrydu i garchar ganddo.

'Gobitho iddo ga'l dedfryd drom 'da ti!' medde hi.

'Do, roies i dri mis iddo fe,' medde ynte.

Y bore wedyn, wrth iddi baratoi'r siwt ar gyfer ei golchi, dyma'r wraig yn galw ar y Cadeirydd, ac ynte ar hanner ei frecwast,

'Cariad?'

'Ie, beth sy?' gofynnodd ynte.

'Ti'n gwbod y meddwyn 'na wnest ti ei hala i'r carchar ddoe am dri mis?'

'Ydw, beth amdano fe?'

'Dwi'n credu y dylet ti fod wedi'i garcharu fe am whech mis o leia, achos mae'r mochyn wedi cachu yn dy drowsus di hefyd!'

# AR Y MEYSYDD RYGBI

Dwi'n cofio dyfarnu ar y Strade rhyw ddydd Sadwrn, wedi i fi ymddangos fel digrifwr ar S4C y nosweth gynt, yn y rhaglen Noson Lawen. Do'dd rhai o mhenderfyniade i ar y cae ddim wedi plesio cefnogwyr y Sgarlets, ac ar ôl i fi gosbi'r tîm cartre unwaith yn rhagor dyma floedd rwystredig yn dod o'r dorf. 'Owens! Ro'n i'n meddwl taw nithwr o't ti i fod yn gomedian, nage heddi!'

\* \* \*

Y gêm gynghrair gynta ges i fel dyfarnwr o'dd lan yn Nhregaron, lle ro'dd y tîm lleol yn chwarae Nantgaredig.

Shwd o'n i'n mynd i gyrradd yno felly? Buodd yn rhaid i fi ofyn i glwb Nantgaredig a allen i fynd lan i Dregaron ar eu bws nhw. A dyna ddigwyddodd. Colli nath Tregaron, 6–9, ond pan ddaeth hi'n amser i Nantgaredig fynd adre dyma'u Cadeirydd nhw'n gweiddi, 'Nigel, wyt ti'n barod? Ma'r bws yn mynd mewn dwy funed!'

Fe es i fel bwled am y bws, ac wrth inni

adel maes parcio'r clwb dwi'n cofio rhes o fois Tregaron yn y ffenest a golwg eitha crac arnyn nhw ac yn pwyntio bys yn ffyrnig ata i.

*　*　*

Ro'dd Glyn-nedd yn chwarae Cydweli ac ar y blân o ryw ddau bwynt, a'r blaen-asgellwr 'ma'n gofyn bron bob munud 'Time, ref?' a phwyntio at ei arddwrn. Bydde 'i gosbi fe wedi bod ychydig bach yn hallt, yn enwedig â'r sgôr mor agos a dim ond rhyw bum munud i fynd. Jyst cyn gosod y sgrym nesa, dyma fe'n gweiddi a phwyntio at ei arddwrn unwaith 'to, 'Time, ref? Ref, man, time?' A meddwn i'n cŵl reit, 'Five to four, mate!' A dyma'r ddau dîm yn dechre chwerthin a chwerthin.

*　*　*

Mewn gêm gwpan fe ges i achos i gosbi, fwy nag unwaith, un o chwaraewyr Pen-y-graig yn eu gêm yn erbyn Pontypridd. Fel ro'dd hi'n digwydd, ro'dd llyged croes ofnadwy gyda'r bachan arbennig 'ma a phan ga'th e gyfle, â'r bêl yn ei ddwylo, fe nath e'n siŵr bo fe'n rhedeg yn galed i mewn i fi a mwrw i ar 'yn hyd ar lawr.

71

'Why the hell don't you look where you're going,' medde fe, ac ynte'n gwbod yn iawn beth o'dd e'n neud.

Ges i dipyn o bleser wrth ei ateb e, 'Why don't you go where you're looking!' er mawr sbort i'r chwaraewyr erill.

\*     \*     \*

Dyw pob dyfarnwr ddim yn cael y cymorth ddyle fe gan y llumanwr. Rwy'n cofio, a finne wedi mynd i weld gêm rhwng ail dîm Pontyberem ac ail dîm Cydweli, asgellwr y Bont yn derbyn y bêl mas yn llydan. Fe redodd e dros yr ystlys, tu cefen i'r llumanwr cartref, a thirio'r bêl yn y gornel!

Ro'dd y dyfarnwr druan ychydig bach yn rhy bell oddi wrth y bêl i sylwi beth ddigwyddodd a chafodd e ddim arwydd gan y llumanwr i ddangos bod unrhyw beth o'i le. Ro'dd cefnogwyr Cydweli yn benwan a buon nhw'n gweiddi'n groch am oesoedd ar y llumanwr a'r dyfarnwr gan drio'u darbwyllo nad o'dd e'n gais.

Ateb un hen wag iddyn nhw o'dd, 'Darllenwch y Carmarthen Journal yr wthnos nesa, fe gewch chi weld a o'dd e'n gais neu beidio.'

\*   \*   \*

Mae rhai dyfarnwyr yn lico areithio'n hir gan annerch weithie, yn eu tro, y ddau dîm cyfan. Mae'r cymeriad hoffus Huw F. Lewis yn un sy'n lico neud hynny.

Dwi'n cofio fe'n dod mas o'r stafell newid un tro, ar ôl araith o ddeng muned, gan achwyn wrtha i, a finne'n llumanwr y diwrnod 'ny, nad o'dd y tîm wedi rhoi unrhyw sylw i beth ro'dd e wedi'i ddweud. Fe wedes i wrtho fe nad o'dd dim rhyfedd achos taw Tîm Byddar Cymru a Thîm Byddar Seland Newydd o'dd y ddau dîm y diwrnod hwnnw!

\*   \*   \*

Eto, fe fyddwn i weithie'n dod ar draws enwogion o'r byd chwaraeon wrth deithio'r byd. Dwi'n cofio un tro pan o'n i a Richard Hughes o Landysul yn llumanwyr yng Nghystadleuaeth Tarian Ewrop, ac yn hedfan o Heathrow i dde Ffrainc. Mae Richard yn un o gymeriade cefn gwlad ardal Llandysul a heb lawer o ddiléit mewn chwaraeon erill. Ro'dd 'yn seti ni yn rhes flaen y dosbarth economi ac ro'dd hi'n amlwg, o'r holl ffỳs a ffwdan, bod rhywun pwysig yn mynd i ddod i'r rhes o'n blaene ni, sef rhes ôl y dosbarth busnes.

A dyma fe'n cyrradd, sef Sven Goran Eriksson gyda'i bartner Nancy, ac ynte newydd ga'l dechre addawol i'w yrfa fel rheolwr tîm pêl-droed Lloegr. Cyn hir fe gychwynnodd rhyw sgwrs fach rhwngon ni'n dau ac ynte, gan iddo sylwi ar ddillad swyddogol yr Undeb ro'n ni'n eu gwisgo, yn ein holi ni pam o'n ni'n mynd i Ffrainc. Ar y pryd ro'n i'n darllen llyfr jôcs, a chwarae teg i Sven, dyma fe'n llofnodi'r llyfr i fi.

Ymhen ychydig dyma Richard yn gofyn i fi, 'Pwy yw'r boi 'na o't ti'n siarad ag e?'

'Smo ti'n 'i nabod e, wyt ti?' meddwn i.

'Wel, ma'i wyneb e'n gyfarwydd,' o'dd ateb Richard.

'Sven Goran Eriksson yw hwnna, bachan.' O weld yr olwg bell braidd ar wyneb Richard dyma fi'n ychwanegu, 'Smo ti'n gwbod pwy yw e, wyt ti?'

'Wrth gwrs mod i,' o'dd ateb Richard. 'Fe yw'r bachan sy'n hysbysebu ffôns symudol Eriksson ar y teledu. Rwy'n mynd i ga'l gair 'da fe. Ma'n hen bryd iddo fe godi mast arall yn Llandysul, achos reception gwael uffernol sy i'w ga'l 'na ar hyn o bryd!'

Dim ond llwyddo mewn pryd 'nes i i'w gadw fe rhag rhoi pryd o dafod i Sven!

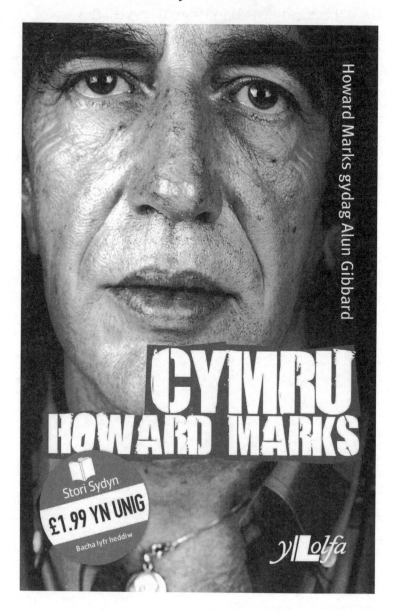

Howard Marks gydag Alun Gibbard

**CYMRU HOWARD MARKS**

Stori Sydyn

**£1.99 YN UNIG**

Bacha lyfr heddiw

y Lolfa

# jamie

## Y Llew yn Ne Affrica

Stori Sydyn

**£1.99 YN UNIG**

Bacha lyfr heddiw

## Jamie
## Roberts

y Lolfa

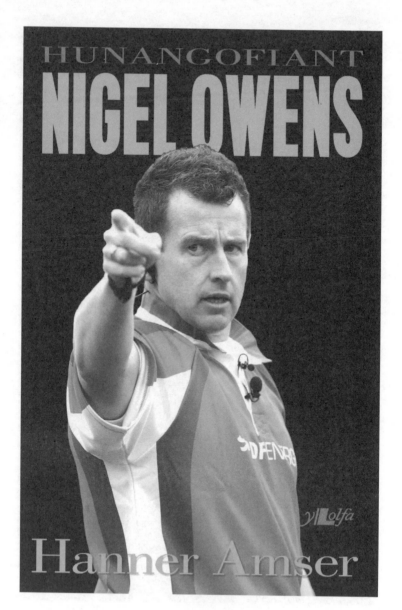

HUNANGOFIANT

# NIGEL OWENS

## Hanner Amser

£9.95